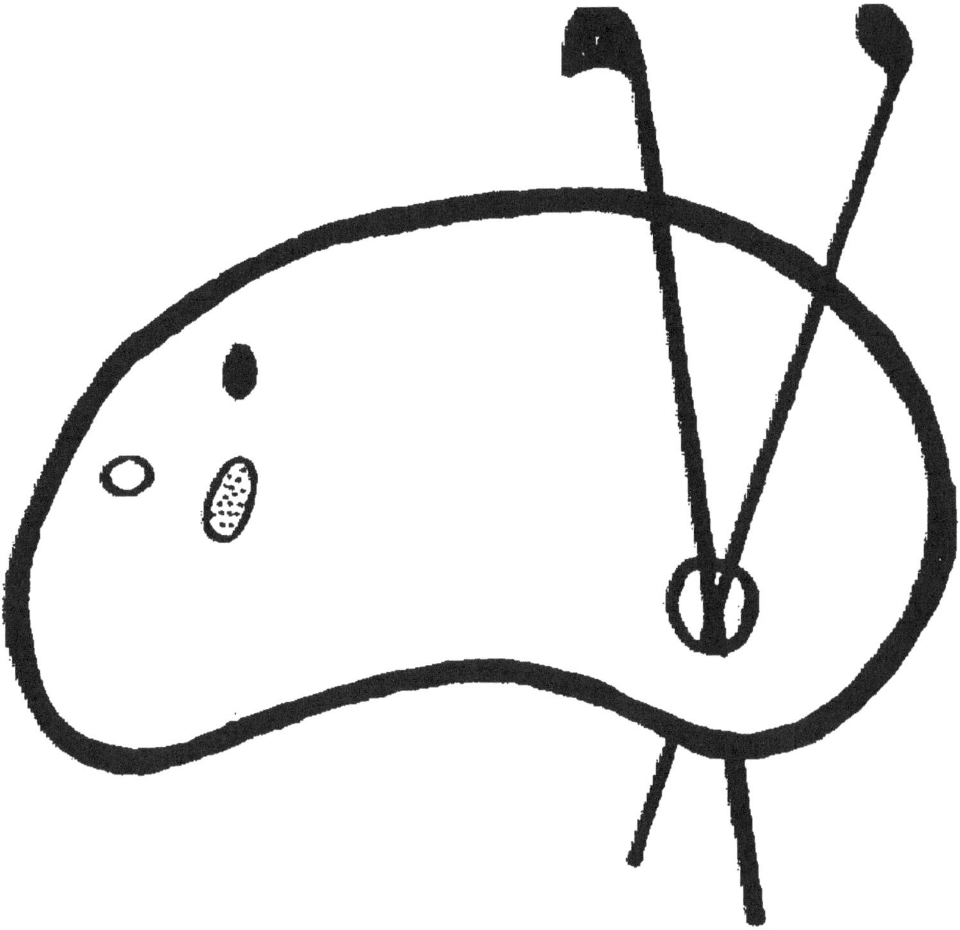

COUVERTURE SUPERIEURE ET INFERIEURE EN COULEUR

POSITION

POLITIQUE ET MILITAIRE

DU

DÉPARTEMENT DE CORSE

AU PREMIER JUIN 1793

ÉDITION REVUE SUR LE MS. ORIGINAL.

TURIN

VINCENT BONA

IMPRIMEUR DE S. M.

MDCCCLXXXIII.

A SON ALTESSE IMPÉRIALE

LE PRINCE

VICTOR NAPOLÉON

HOMMAGE TRÈS RESPECTVEVX

V. PROMIS

PRÉFACE

La Relation sur l'état de la Corse en 1793, que je reproduis, a été imprimée pour la première fois en 1841 à Paris par les soins du comte Ferdinand Dal Pozzo, ancien Magistrat sous l'empereur Napoléon I.

Je ne saurais donner une idée plus exacte de ce manuscrit qu'en publiant de nouveau en partie la Préface que le comte Dal Pozzo écrivit pour la première édition de ce rapport :

« Un hasard heureux, joint à des soins diligens, me mit en possession du MS. précieux que je publie. C'est un rayon de plus que je fais reparaître, après avoir été longuement enseveli, de la gloire immense de Napoléon. On voit ici un jeune homme de 24 ans gravement consulté par le gouvernement de son pays sur le mode de conserver la Corse à la France, malgré les efforts en sens contraire du célèbre général Paoli, que le grand Frédéric appela *le premier capitaine de son temps*. Les vues très élevées, la précision, la rapidité de Napoléon, se décèlent dans tout cet écrit, où il n'y a pas un mot inutile, et où cependant rien ne paraît omis de ce qui pouvait accomplir les desseins de son gouvernement. Et quelle connaissance des hommes! Ils sont tous ¡ _ints d'un coup de plume et avec exactitude. C'est l'ouvrage enfin de celui qui, trois ans après (1796), fut nommé général en chef de l'armée d'Italie, et commença ainsi la série de ces glorieux exploits, qui rempliront le monde d'étonnement dans tous les siècles ».

Je puis à présent faire connaître le hasard dont parle M. Dal Pozzo, et cela par un extrait de lettre adressée par M. A. Roana son ami à son neveu et héritier le Chev. Sébastien Dal Pozzo ancien colonel des carabiniers royaux, dernier possesseur du manuscrit avant son entrée dans la Bibliothèque du roi Charles-Albert. Dans cette lettre, datée de Paris le 26 mai 1844, il est dit:

« M. Chiens, capitaine de corvette dans la marine
« royale (française), qui a vendu le MS. de Napo-
« léon, est parent des propriétaires de l'hôtel de Châ-
« tam, où logeait M. Dal Pozzo en 1840. A fin de
« pouvoir mieux m'acquitter de la commission que
« vous avez bien voulu me donner, je me suis adressé
« à ces messieurs, et voici les renseignemens que j'ai
« pu obtenir. Le MS. en question a été trouvé parmi
« les papiers de M. Hernandez chirurgien à Toulon,
« qui ayant eu le bonheur de guérir le capitaine
« Bonaparte d'une maladie de la peau, avait contracté
« avec lui une certaine intimité. M. Hernandez étant
« membre de la Convention, engagea Bonaparte à
« donner un aperçu sur la position politique et mili-
« taire de la Corse. Ce document à la mort du Con-
« ventionnel tomba en lot à madame Chiens épouse
« du Capitaine qui le vendit à M. Dal Pozzo ».

La brochure de 1841 étant avec quelques lacunes
et très peu connue, j'espère que cette nouvelle édition, revue sur le manuscrit autographe, sera ac-
cueillie avec bienveillance par tous ceux qui s'inté-
ressent soit aux écrits de l'Empereur soit à l'histoire
de la Corse. Je conserve exactement l'ortographe du
manuscrit en y ajoutant quelques majuscules qui faci-
litent la lecture de la relation.

V. Promis.

POSITION

POLITIQUE ET MILITAIRE

DU

DÉPARTEMENT DE CORSE

au premier juin 1793.

Il y a en Corse deux pouvoires différents: les commissaires de la convention et le général Paoli — Il y a deux forces armées en opposition; d'un côté, les troupes du continent de la république reunis avec quelques baitaillons d'enfenterie legere corse; de l'autre les gardes nationales aux ordres de Paoli — Il existe en Corse plusieurs opinions politiques. Les independants, les Républiquains, et les aristocrates.

De quel manière se sont formé ces 2 pouvoirs? quel est leur position respective? sur quel point de vu cherche ils a se montrer au public? Quel est la proportion de force des differentes factions? Quel est la force numerique? quel sont les moyens militaires? et quel poste ancupe les deux partis?

Tel sont les differentes questions que l'on peut se proposer et auxquelles je vais repondre.

Toutes les personnes qui ont fait et soutenu la revolution en Corse ont desiré ardament le retour du general Paoli dans sa patrie; elles le croyoient l'amis de la liberté parsqu'il avait eu l'aire d'en être le martyre. Mais l'on ne tarda pas a s'aperce-

voir de l'ambition démésuré du vieux chef qui vouloit que l'on
ne vit que par ses yeux et que l'on ne jugea que par sa con-
ciance, ceux qui etoient dans sa familiarité et qui etoient un peu
clairvoyant s'apercurent deslors des projets de Paoli : il ne dis-
simula plus lors de la crise du mois *d'aout.* Ils croyoit la France
perdue et il se preparoit a lui donner *aussi un coup de pied*
mais les victoires de Demourier et le Brevet de lieutenant général commandant en Corse que le pouvoir executif lui donna
relantirent ses mouvement, *il recula pour mieux sauter.* Commandant de toutes les troupes il fit sortir des fortresses mari-
times les troupes de ligne et y placea les gardes nacionales corse
dont il crut être le plus sur, il crea de son chef quatres compagnies dont il nomma lui même les officiers parmis ceux qui
avoient perdu leur père dans la geure de 1768 contre la France
et qui des lors selon l'usage et les meurs des insulaires avoient
une vengence a exercer contre les francois.

L'on vint a former l'administration du departement, il fit faire
Possodiborgo procureur sindic, cet homme a quelques talents et
beaucoup d'activité mais aucun credit dans un pays ou il est
aussi bien connu par sa venalité que par la mauvaise conduite
qui a tenu a la legislature ou il etait deputé. C'était l'homme
qu'il faloit pour Paoli et dont il n'avait rien à craindre. Paoli
employa la force pour le faire reusir, car les patriotes ne vou-
loient point d'un homme tarré. Le reste du departement fut
composé d'ignar enfin de pouvoir mieu les conduire.

Paoli se trouva alors avoir a sa disposition les places fortes
et tous les moyens militaires, le departement et la gendarmerie
commendé par son neveux Bonetti, il lui manquoit encore cependant d'avoir la caisse militaire a Corte et un payeur a sa disposition, il eu l'effronterie de faire suspendre par le departement
le payeur Arena et d'y faire substituer une de ses creatures.
Cette demarche aida beaucoup a deceler a Paris ses projets crimi-
nelles. La tresorerie se resentit et le conseil executif reprimanda
le departement, mais le payeur n'en fut pas moins persécuté, et
la caisse n'en fut pas moins a Corte, de maniere que dans ce

moment ci ils ont retenu 500 mille franc qui leur servent a leur revolte.

L'expedition de Sardaigne arriva dans cet interval. Paoli fut avertit de preparer 4000 corses et *Simonville* vint chargé de l'en prevenir, ce moment fut très critique pour lui, il sentoit qu'il devait se bien cacher et il craignait d'être deja decouvert, ce qui lui eut été fatal dans un moment ou la Republique avoit une escadre considerable et etait victorieuse de tous ses ennemis. Il eu cependant l'adresse de se montrer tout disposé et d'empêcher les corses d'aller en Sardaigne tout comme il les avait empeché de se porter a l'armée du midi, il ne vouloit point que les corses se francissoient et puis il ne vouloit point s'affoiblir.

Pour couvrir toutes ces menées Paoli ne manquait point de prétexte. Mais craignant d'être pénétré il dissoit souvent a ceux de ses amis qu'il redoutoit : *il est vrai que je cherche a rendre les corses maitres de toute les fortresses, il est vrai que je desire qu'ils ne sortent point de leur foyers, mais la raison est simple, c'est qu'il faut nous tenir prompts enfin qu'en cas d'une contre revolution nous p.. .... tenir ferme et off.ir un asile a la Montagne de l'assem...ée.*

Dans des moment d'impatiance l'on l'a souvent attendu se plaindre de la fureur qu'avoit les corses de se rendre aux armées et particulierement à *Cagliari faire la geurre disoit ils a notre plus cher allié, au seul Roi qui nous a donné des secours dans le tems de malheur de la Corse.*

Depuis la declaration de geurre a l'Angleterre tout le monde fut frappé de l'affectation qu'il metoit a louer la generosité, la bonté, les vertus, la puissance et les richesses de la nation angloise. Ses projets a cet epoque etoit en evidance et toute les personnes qui lui etoit attaché mais qui preferait la patrie a lui commençoit a s'en éloigner, ils avoient perdus l'opinion de sa vertu pour ne voir en lui qu'un traitre car aucune traison n'est aussi hodieuse que la sienne, il plonge sa patrie dans une geurre civile, il la sustrait a l'association de la France qui peut seul faire son bonheur, il abuse d'une manière revoltante de la confiance de la Republique c. qui il fait la guerre avec ses propres armes avec ses propres deniers, tant de perfidie entre il donc dans le cœur humain! eh! quel fatale ambition egare un vieillard de 68 ans? mais c'est que Paoli a sur la phisionomie la bonté et la duceur et la haine, la vengence dans le cœur, il a l'oncion du sentiment dans les yeux et le fiel dans l'ame.

La convention envoya des commissaires en Corse, il prevint l'esprit de la nation contre eux, le departement n'envoya point de commission pour les recevoir, lui faignit d'être malade, la gendarmerie areta sous leur yeux des personnes de leur suite, le commendant de la fortresse de Bastia ne voulut point les y recevoir. Il vouloit obliger les comissaires a flaichir devant lui, car il les craignoit, il se tenoit en mesure prompte a pouvoir s'il le faloit jetter tout de suitte le masque ou prendre tout autre resolution.

L'adroit Saliceti un des commissaires sous pretexte de voir sa famille se porta a Corte, vit Paoli qui le caressa beaucoup et qui voyant les comissaires disposé a tout dissimuler écrivit de belles lettres et les fit reconnoitre par le departement, pendant ce tems la tous les vrais republicains s'empressoient d'entourer les commissaires, la pluspart des district, des tribuneaux qui étoient patriote leur envoyerent des deputation, moitié par adresse moitié par force l'on s'empara du fort de Bastia et de St florent et peu a peu les comissaires gagnaient terrin et suplantoient le parti paoliste, lorsque le decret de la Convention qui suspendoit Paoli et l'appelloit a Paris arriva et precipitat toutes les mesures.

Paoli au lieu de se rendre à Paris leva le bouclier, renforça la garnison d'Ajaccio, envoya un comissaire pour augmenter celle qui etoit a Calvi, fit desarmer et les porta a l'ile rousse le dettachement francois, refusa de recevoir 2 compagnies du bataillon des Bouches du Rhone, dans le même temps il envoya des comissaires dans tous les districts, fit arreter tous les principaux patriotes, epouvanta les autres en faisant bruler les maisons, devaster les biens de ceux qui etoient les plus accredites parmis le peuple et dont il connoissoit la probité.

Tous ces mouvement ce firent a la fois dans le tems même qu'il écrivoit de belles lettres a la convention et aux comissaires, qu'il pretextoit son âge et ses infirmités qui s'opossoient a son zele et a l'envie qu'il auroit eu d'aller a Paris sans faire attention que *Possodiborgo* n'avoit pas les mêmes pretexte et que cependant il etoit toujours dans son gabinet.

L'agent que Paoli envoya a Calvi fut prevenu et les bons patriotes de cette ville, joints a la garnison du 26°, a l'équipage de la *Perle* et de la *Proselite* qui étoit en rade chasserent le bataillon qui y etoit et firent prisonier le commandant. L'on a trouvé une corespondance de 2 ans entre Paoli et ce Lieutenant colonel qui decele toute la profondeur de sa perfidie.

Les commissaires suspendirent le departement et en créerent un nouveau a Bastia ainsi que Leonetti commendant de la gendarmerie, qui leur envoya sa demission qu'il refuserent pour le casser.

Dans cette position Paoli etoit maitre de l'ile ayant plus de 500 otages qui lui assuroit du parti republicain et ayant effraiez le reste il convoqua une CONSULTE a Corte, il donna une nouvelle organisation, un nouveau mod d'election. Voici ce qu'a decidé la Consulte.

Paoli, crée *generalissime* — les biens de tous ceux qui servent dans les bataillons a la solde de la Republique confisques si sous huit jours ils ne rentrent, les biens de tous ceux qui sont refugié a Bastia, Calvi, S.t florent ou aillieur confisque nottament le général Casabianca — l'on percevera une imposition patriotique selon un nouveau mod , l'on a fait des donts patriotiques, l'on a finit par dire que l'on vouloit être françois.

Pendant ce tems la les commissaires avec 400 hommes et 2 fregattes se transporterent a Ajaccio, il devoit y trouver un grand nombre de bon patriotes au moins au nombre de mille (1), 350

---

(1) Puisque hormis un petit parti dirigé par Peraldy toute la ville était pour la France.

Suisses, 100 hommes du 42°, 50 hommes du 2°, 52 gabarres et l'équipage du Vengeur. Les comissaires avoient avec eux un train d'artillerie, ils devoient forcer la citadelle et en chasser les rebelles. Ils partirent de S.t florent avec le plus grand secret. Mais ayant eu mauvais tems ils resterent 7 jours en mer, Paoli eu le tems d'envoyer 2000 hommes a Ajaccio, de faire aretter 60 des meilleurs patriotes, de s'emparer de tous les postes, de bruler et devaster les bien des familles Buonaparte, Multedo, depute a la Convention, et de plusieurs autres etc., etc. Les commissaires ne se trouverent plus en force, ils durent s'en retourner, dans une decente ils prirent quelques prisoniers, ils avoient sur leurs armes écrit *Paoli*, d'autre y avoit une croix.

Dans le même tems les rebelles ont tentés de ravager le territoire de Calvi, ils ont été repoussé et ils ont perdu 40 hommes.

Les commissaires de la convention en Corse regardent Paoli et ses aderent comme rebelles, ils traitent comme tel tous les prisoniers qu'ils font les armes a la main.

Le departement cherche a faire regarder les commissaires commes agens d'une faction qui veut placer Égalité sur le throne, il a eu l'impudence d'imprimer une pareil bêtise tendis que 15 jours avant il avoit fait une circulaire pour qu'ils fussent reconnus. Paoli dit a qui veut l'attendre que les comissaires sont les agens des Genois, cette dernière asertion n'étant que pour la populace elle n'a jamais été imprimé.

Quelle est la force numérique? quel sont les moyens militaires? et quelles postes auccupent les 2 partis?

La Republique a en Corse	3100 hommes
de troupes du continent et a peu prés	1200
Corses a sa solde.	————
Total	4300

Elle a une assé bonne artillerie de campagne et ne manque de rien. Bastia, Calvi, S.t florent, le Cap Corse, le Nebbio sont a son pouvoir.

Paoli peut conter 6000 hommes mais qui sont a la fois cultivateur et militaire. Il a Ajaccio et Bonifaccio avec le reste de la Corse, il a 60.000 de poudre, 2 mauvaises pièces de campagne et les farines qui se trouvoient à Ajaccio qui etoient en assé grande quantité.

Si l'on envoyoit 5000 hommes avec quelques batiments de geurre Paoli seroit contraint de se retirer.

L'on commenceroit pour s'emparer d'Ajaccio, le port le plus interessant pour la republique. Maitre d'Ajaccio nous les serions de l'interieur ayant deja les 3 autres ports. Au pis aller l'on laisseroit Paoli dans la montagne ou il ne seroit d'aucunne importance et ou il ne tarderoit point a être batus par le peuple même, d'aillieur s'il n'aura pas le port d'Ajaccio il ne sera d'aucune importance aux yeux d'une puissance maritime.

3 batiment de ligne sont necessaires pour en imposer a Ajaccio, par le moyens desquelles l'on sera dans le cas de ne pas tirer un coup de fusil. Les 3 batiment n'auront rien a craindre des espagnol puisqu'ils auront Calvi, St florent pour refuge.

Quel est la proportion des differentes factions?

Le parti des independant absolument dévoué a Paoli est tres petit mais il devient nombreux en s'alliant aux aristocrates, celui de la republique serait cependant le plus fort sans le grand nombre de prisoniers, sans la tactique de Paoli, il caresse, il menace, il brule, il permet le pillage, dans le même tems il persuade que les commissaires sont abandones de la France, qu'ils ne receveront aucun secour, que la Convention a changé d'esprit, en tous cas il assure que la France est perdu, que bientôt il aura du secour de l'Angleterre. Dans tant d'idée, parmis tant de prespective differente, le bon se trouble et gémit, le douteux devient mauvais, d'aillieur l'esprit d'activité, d'inquietude naturel aux corses s'en mele, il faut être d'un parti, autant vaut-il être de celui qui triomphe, de celui qui devaste, pille, brule, dans l'alternative il vaut mieu être mangeur que mangé.

Il en sera differament lorsque l'on voira une force, les bons viendront se joindre le douteux avec lui et le mauvais ou fuira ou oposera un effort inutil.

Paoli a 68 ans il n'a jamais eu l'humeur geurriere, il monte difficilment a cheval.

Leonelli son neveux n'a ni courage, ni esprit, ni reputation.

Possodiborgo a quelque esprit mais point du caractere ni de force, il est sans courage.

Collonna le constituant n'est militaire que par son exterieur.

Paoli se trouve sans aucun officiers, tous les corses qui avoient quelque connoissances militaires ou politiques ou administratives l'on abandonné. Le moment de le battre est ce mois ci et le prochain parsque c'est celui de la recolte.

BUONAPARTE
capitaine dartillerie au 4 Regiment.